ABBÉ R. PLANEIX

Chanoine honoraire

Supérieur des Missionnaires diocésains de Clermont-Ferrand

UNE

ŒUVRE D'ÉTUDIANTS

A PARIS

PARIS

P. LETHIELLEUX, Libraire-Éditeur

10, RUE CASSETTE, 10

UNE

OEUVRE D'ÉTUDIANTS

PARIS

OEUVRE ÉTUDIANTS. — 1.

ABBÉ R. PLANEIX
Chanoine honoraire
Supérieur des Missionnaires diocésains de Clermont-Ferrand

UNE
ŒUVRE D'ÉTUDIANTS
A PARIS

PARIS
P. LETHIELLEUX, Libraire-Éditeur
10, RUE CASSETTE, 10

UNE ŒUVRE D'ÉTUDIANTS

A PARIS

La cause religieuse que je dois défendre devant vous m'embarrasse un peu et m'effraie. Malgré moi, j'éprouve quelque crainte à signaler à votre charité une œuvre nouvelle, alors que tant d'autres frappent sans relâche à votre porte et ne cessent de vous tendre la main. C'est accroître une obsession, qui semble quelquefois excessive à plusieurs, et qui les porte à dissimuler, sous le sourire par lequel ils accueillent nos audaces, un peu d'exaspération ou du moins de mauvaise humeur.

Cependant, le spectacle que j'ai sous les yeux me rassure : d'abord cet auditoire, où toute cause chère à la douce et apostolique Société de Marie semble gagnée d'avance, tant elle y compte de nombreuses et d'ardentes sympathies; cette église de S. François-Xavier, dont le pasteur nous a ouvert si gracieusement les portes et où il nous donne une hospitalité qui est la marque d'un cœur sacerdotal et grand ; et enfin la réputation d'inépuisable bienfaisance, que vos largesses et votre foi vous ont faite dans toute la France et dans le monde entier : oui, chrétiens, je le proclame avec bonheur, c'est une force et un puissant encouragement pour vos prêtres et pour tous les ouvriers du bien, en même temps c'est une gloire pour vous, c'est une gloire pour notre pays, c'est une éloquente et irréfutable apologie de l'Église en face de ceux qui l'ignorent ou qui la méconnaissent, que depuis longtemps vous soyez la ressource suprême et le dernier appui de toutes les causes sacrées, et qu'aucune entreprise sainte n'ait eu un seul jour à se plaindre des ralentissements de votre zèle ou des défaillances de votre charité.

Mais ce qui m'enhardit surtout, ce qui me décide à tout espérer de votre cœur, c'est l'importance des intérêts que je dois vous recommander, la grandeur surnaturelle de cette

OEuvre d'étudiants (1) qui vient solliciter votre affection, votre dévouement, votre or, j'ose le dire, son charme incomparable, sa séduisante beauté : car, s'il n'y a rien de si triste ici-bas que le spectacle de l'adolescent livré au démon de l'irréligion et oublieux de la vertu, il n'y a rien de plus noble, rien de plus beau que la jeunesse croyante et fidèle, qui sait maintenir les franges de son vêtement au-dessus des fanges déshonorées, et qui ne descend pas de ces hauteurs sereines où le vent qui passe ne souille plus ni les corps ni les âmes.

L'aider dans cette grande entreprise, la soutenir et la diriger dans ces généreux efforts, c'est le but de l'OEuvre toute noble et toute sainte qui se présente à vous : elle aspire à préserver vos fils des séductions faciles et des entraînements vulgaires, à en faire des chrétiens véritables, non pas de ces chrétiens amoindris, dont les générosités et les vaillances se sont éventées au souffle de l'erreur ou de la sensualité, et qui, dans la vie,

(1) V. dans l'appendice des détails sur l'organisation de l'OEuvre d'étudiants établie rue de Vaugirard. 104, à Paris.

ne gardent de leur baptême qu'une étiquette souillée, mais de vrais disciples du Christ, une génération d'hommes, qui deviennent demain un rempart à l'Église menacée et un appui solide à la patrie chancelante. De telles OEuvres, c'est donc ce qu'il y a de plus précieux pour vous, ô mères, ce qu'il y a de plus capable d'émouvoir vos cœurs et de forcer vos sympathies, puisque c'est l'avenir de vos fils ; c'est aussi ce qu'il y a de plus précieux pour tous, puisque vos fils sont l'avenir de la religion et de la société. Nous sommes, nous, la génération qui passe... Elle est triste et malade, et elle n'a rapporté du siècle qui s'achève que du désenchantement et de la mélancolie. La génération qui vient, ce sont vos fils : ce qui importe à vous comme à Dieu, ce qui importe au pays, c'est qu'on les fasse hommes de devoir et d'honneur, de dévouement et de sacrifice, afin qu'ils soutiennent vaillamment les batailles qui les attendent, et qu'ils s'assurent des victoires que, moins heureux ou moins dignes, nous avons désirées et que nous n'avons pas connues.

Cette OEuvre d'étudiants ne nous est donc

pas seulement chère à cause de ceux qui la dirigent, mais aussi à cause de la fin qu'elle se propose et du bien qu'elle accomplit. Je vous dirai, dans un récit tout simple, ce qu'elle est et ce qu'elle fait, persuadé que ses actes-la loueront plus efficacement devant vous que les périphrases d'un discours étudié et que les artifices de la rhétorique. Pour qu'elle obtienne d'un auditoire si religieux l'accueil qu'elle mérite, et qu'elle grandisse dans votre affection ce sera assez que vous la connaissiez bien, et que vous sachiez ce que Dieu attend pour elle de votre foi et de votre charité.

Il y a, dans la vie du jeune homme, un moment solennel, d'une importance décisive et d'une incertitude redoutable. Vous savez ce que je veux dire, mères qui m'entendez, et quelle est l'heure dont je parle : c'est l'heure où votre fils, jeune, brillant d'espérance, ignorant de la vie et de ses périls, quitte l'asile où il a grandi jusqu'alors à l'ombre de votre amour ; l'heure où, fortifié par vos conseils et par votre dernier baiser, mais désormais sans autre bouclier, il affronte pour la première fois Paris, la cité terrible et superbe, dont la profane beauté touche si souvent l'âme d'un rayon mortel et déconcerte les vertus les plus affermies.

Qui le veut peut y voir des spectacles de grandeur morale et de sainteté qui ne sont nulle part surpassés ; mais le mal s'y offre aussi, même à qui ne le cherche pas, sous les formes les plus variées, les plus audacieuses, les plus séduisantes. Le jeune homme y trouve, dans l'ordre intellectuel, des maîtres renommés, dont les affirmations, parées de tout l'éclat de la science, contredisent les enseignements qu'il a toujours respectés ; des livres tissus de blasphèmes et de sophismes, qui combattent sa foi ; de faux amis, dont les railleries s'efforcent de l'avilir. Dans l'ordre moral, il y subit à chaque pas des provocations qui le poussent aux faciles amours et même aux libertés cyniques, des fascinations qui, le prenant à la fois par l'orgueil et par les sens, aspirent à le conduire jusqu'au plus honteux des esclavages.

Combien d'adolescents, qui, vertueux, admirablement beaux, pleins de promesses au jour où ils quittèrent la famille et l'école, ont vu leur innocence, leur honnêteté même, leurs résolutions les plus viriles, les espérances les plus chères et les plus sacrées échouer à ce double écueil des fausses doctrines et des mauvaises mœurs ! Le voilà, ce jeune homme, hier encore irréprochable, fidèle, gardant une âme croyante et chaste dans un corps sans souillure, aujourd'hui blasphémateur improvisé des choses les plus saintes, admirateur enthousiaste et inconscient de paroles et d'écrits qui outragent ce qu'on lui apprit toujours à aimer, coureur éperdu d'aventures et de bonnes fortunes, fanfaron de corruption, jetant à pleines mains à tous les vents du plaisir son or, son honneur, sa santé, prodiguant dans la débauche le don sacré de la vie et l'épuisant dans ses veines déshonorées avant même qu'il ait reçu du ciel l'ordre de la multiplier, honte et douleur de la famille, menace redoutable pour l'Église et pour la société ! Qui a constaté ces décadences et ces précoces flétrissures dans un jeune homme aimé, a vu un des spectacles les plus capables de provoquer nos gémissements et digne d'être pleuré par des larmes de sang.

N'est-ce pas faire un panégyrique suffisant de l'Œuvre qui se recommande aujourd'hui à votre estime que de dire simplement qu'elle travaille à conjurer ces périls et à empêcher ces malheurs, mettant au service d'une cause si grande le zèle le plus apostolique et le courage le plus persévérant? Par la grâce de Dieu, quelques jeunes gens se sont rencontrés, petite et vaillante phalange, qui ont voulu chercher sous la croix du Christ et dans des rapports presque quotidiens avec des prêtres dévoués une protection assurée contre les séductions du dehors et les défaillances de leur propre cœur. Une même idée les assemble : l'amour de la vérité et de la vertu ; deux liens les unissent : développer leur intelligence par des études diverses, surtout par l'étude de la religion, former leur cœur par la pratique de la charité, et travailler ainsi, par la doctrine et par la bienfaisance, à la gloire de Dieu, à la défense de l'Église et à la prospérité de leur pays (1).

Quelle réponse éloquente et inattendue faite aux esprits superficiels ou aveuglés qui répètent à tout venant que l'Église aime les ténèbres, qu'elle hait la science et le progrès, et qui cherchent sans cesse à l'humilier par le reproche d'obscurantisme comme par une injure suprême ! L'ardent désir de ces catholiques de vingt ans, leur première ambition, c'est, non pas de jouir des plaisirs faciles, non pas même de briguer les honneurs et les places, mais de cultiver la vérité et de s'instruire de leur foi.

Aussi bien, savez-vous quel est le grand

(1) « Unis par une communauté de sentiments, par un courant de sympathie bienveillante et généreuse qui circule si vite et si largement parmi des jeunes gens de vingt ans, nous tramons en plein jour le projet de développer notre intelligence par des études diverses, et notamment par l'étude de la religion, et de former notre cœur par la pratique de la charité chrétienne, dans le but de travailler plus tard, dans la mesure de nos forces, à la gloire de Dieu et à la prospérité de notre pays ». Rapport sur les travaux de l'année 1898-1899 par M. Louis Rollin, membre de la conférence S. Paul.

malheur de notre temps ? Vous croyez peut-être que c'est cette indifférence systématique, dans laquelle sommeillent beaucoup d'âmes, insouciantes de Dieu et de leurs immortelles destinées ? Point du tout. Vous pensez du moins que c'est cette haine sectaire, sans pitié comme sans justification, violente, insatiable, dont les catholiques ont été si souvent les victimes par trop résignées ? Pas davantage. Il y a un malheur plus grand, un péril plus redoutable, plus universel, c'est l'ignorance religieuse. Le siècle qui s'achève a eu des gloires dont nous sommes tous fiers et que personne ne doit songer à amoindrir. Les savants ont dérobé aux entrailles de la terre leurs derniers secrets. Ils ont scruté les astres et exploré les routes que suit dans l'espace leur course soumise à d'inflexibles lois. Ils ont secoué la poussière des bibliothèques et jeté dans les profondeurs de l'histoire de soudaines clartés. Nous, catholiques, nous n'insultons pas à ces progrès, et nos lèvres sont pures de tout blasphème contre la lumière. Mais ce n'est pas outrager la science, ni même faire preuve de mauvaise humeur contre notre temps, de dire qu'il y a une connaissance qui nous manque de plus en plus, dont la science profane elle-même, en ses représentants les plus glorieux et les plus respectés, est quelquefois tristement dépourvue, c'est la connaissance de Dieu, de l'âme, de l'éternité. Sous ce rapport, nous ne valons pas nos pères, et le siècle n'a pas avancé. Ils sont innombrables les laïques qui, dans les âges passés, ont défendu l'Église par la plume ou par la parole avec le zèle et l'autorité des docteurs, S. Justin, Arnobe, Lactance, Minutius Félix, Cassiodore, S. Jean Damascène, et combien d'autres dont vous savez les noms. Au temps de S. Jérôme, de simples femmes composaient sur les Écritures des traités savants. Plus tard, on en trouvait dans le cloître, au milieu même du monde, qui lisaient la *Somme* de S. Thomas à livre ouvert. Il y a des époques où l'on en rencontre beaucoup, même parmi les plus ferventes, qui estiment avoir rempli tout leur devoir et s'être élevées à l'apogée de la science, quand elles ont lu le roman à la mode ou le feuilleton du journal. On apprend aujourd'hui un peu de tout: les

langues et leurs littératures, les sciences phy-
siques et naturelles, toutes les géographies,
toutes les histoires... Ce qu'on ne sait pas,
ce qu'ignorent les meilleurs et les plus ins-
truits de vos enfants, à leur sortie des établis-
sements les plus chrétiens, c'est la religion.
Un peu de catéchisme, contenu dans quelques
formules sèches et souvent incomprises, c'est
tout le savoir religieux qu'ils emportent dans
le monde.

Qu'advient-il ? Contre les impiétés qu'on
colporte de tous côtés, contre les objections
qui s'étalent dans les livres, dans la presse,
ou qui retentissent dans les tribunes publi-
ques, ces intelligences se trouvent désarmées
et sans défense. Au premier choc, leur foi est
ébranlée, elle chancelle, bientôt elle suc-
combe, comme s'effondre sous la tempête un
édifice sans fondement.

Si elle tient encore debout, du moins elle
est sans vigueur et inféconde. Elle n'agit pas,
elle ne rayonne pas sur les âmes, elle ne se
meut pas, elle n'est pas conquérante ; elle
demeure inerte et figée au fond de ce cœur
ténébreux et sans soleil, comme une statue

voilée dans un coin du sanctuaire ou comme un mort illustre dans le marbre d'un tombeau.

Nos jeunes gens ont compris ce qu'a d'humiliant et de dangereux ce mal de l'ignorance et ils ont résolu de le combattre : ils travaillent, ils étudient, ils s'instruisent. Sachant bien que la foi du charbonnier ne fut jamais un idéal, qu'elle répond moins encore aux besoins de notre temps qu'à ceux du passé, ils aspirent à rendre leurs croyances raisonnables, à se mettre à même de les défendre et de soutenir la guerre jusque sur les sommets d'où l'impiété savante s'apprête à nous envahir. Aux voluptés communes et aux faciles plaisirs qui les sollicitent de toutes parts, ils préfèrent une vie laborieuse et appliquée. Chaque semaine, plusieurs fois la semaine, une parole éclairée et paternelle (1) leur donne l'enseignement catholique sur les vérités les

____

(1) La Conférence S. Paul, sous la direction du R. P. Plazenet, étudie, dans ses réunions du vendredi, les questions actuelles. La Conférence S. Thomas, dans ses réunions du jeudi, sous la direction du R. P. Peillaube, étudie les questions philosophiques.

plus élevées de la théologie et de la philosophie, non pas un enseignement vague, incom-
plet, hésitant, variable, tel qu'il pourrait tom-
ber des lèvres de la libre-pensée, mais l'enseignement catholique, divin dans sa source,
divin dans son autorité, divin dans sa trans-
mission à travers les âges, qui communique
aux intelligences tout ce dont elles ont besoin, tout ce que réclame même une curiosité
légitime, et qui le communique avec une certitude invincible non moins qu'avec une con-
venance merveilleuse. Souvent, mêlant leurs
propres pensées à ces doctes leçons, ils agi-
tent eux-mêmes avec l'ardeur naturelle à la
jeunesse les questions qui peuvent solliciter
des esprits graves, passant de la religion à la
science et à l'art, de la philosophie à la litté-
rature, d'un question historique à une étude
sociale. Quelquefois même, saisis par les
préoccupations d'un temps gros de conflits,
ils cherchent une solution pacifique aux difficultés qui surgissent de toutes parts et qui
troublent les esprits. Et heureux serions-nous,
assurément, disons-le à leur gloire, si des
assemblées, dont la mission est plus haute et

la responsabilité plus grande, portaient toujours dans la discussion de ces problèmes fondamentaux la même bonne foi, une maturité semblable, un si nöble et si loyal désintéressement !

C'est ainsi que cette œuvre féconde protège vos fils par l'étude contre les défections précoces qui sont le fruit de l'ignorance religieuse ; elle les arme pour les luttes de demain ; elle éclaire leur foi et elle la prémunit contre les transactions faciles et les humiliantes capitulations.

En même temps, elle les protège par le travail contre les victoires des sens. Selon un symbole devenu banal à force d'être dans la tradition profane et sacrée, mais profondément juste, ils croissent dans ses jardins comme des lys sacrés. Vous connaissez cette plante : elle a une tige toute grêle ; dès que sa fleur est éclose, sa légère enveloppe inférieure se dépouille sous les caresses du soleil ; il ne reste bientôt plus que sa corolle blanche et forte qui embaume l'air de son parfum. A mesure que le lys s'épanouit, il attire toute la sève à sa tête, et sa tige est desséchée depuis longtemps quand sa fleur se penche vers la terre : emblème expressif et gracieux des adolescents, qui, nourris par l'étude et les saines pensées, ne sont point entraînés en bas par les sens, mais élèvent leur tête vers le ciel et charment leur vie par le spectacle de l'infini.

Jeunes gens, soyez bénis d'avoir compris cette grandeur et cette nécessité de l'étude. Quoi qu'il doive vous en coûter, demeurez fidèles aux résolutions viriles, qui sont votre honneur, l'honneur et l'espérance de l'Église. Tandis que tant d'autres marchent d'un pas joyeux dans les chemins obliques du vice ou de la frivolité, tenez ferme dans le chemin du devoir. Donnez à l'étude de la religion les loisirs que vous déroberez aux amusements même irréprochables, aux distractions même innocentes, afin que vous soyez capables un jour de défendre votre foi contre l'impiété, de combattre les préjugés, de dissiper les malentendus. Ce n'est pas encore assez : que toute science vous semble estimable, et que la vérité, d'où qu'elle vienne, vous soit précieuse et chère. Restez aux yeux du monde ce que Dieu vous a faits et ce que les vrais catholiques ont toujours été dans l'histoire : les fils de la lumière et les serviteurs de la vérité.

Vous connaîtriez imparfaitement l'œuvre féconde et sainte que je recommande à votre dévouement, si vous pensiez qu'elle se borne à développer la science religieuse dans l'âme du jeune homme. Après l'avoir instruit, solidement équipé pour toutes les luttes de l'esprit, elle forme son cœur par les pratiques les plus miséricordieuses et les plus délicates de la charité.

Dans cette ville, à côté d'un luxe, d'une richesse, de l'éclat et des enivrements d'une civilisation qui n'a été nulle part surpassée, que d'êtres souffrants, que de malheureux, que de délaissés attendent, appellent, invoquent la charité ! Il y a l'enfant pauvre ou abandonné par des parents indignes, qui court après les passants, la tête et les pieds nus, couvert de haillons. Il y a la jeune fille que l'indigence pousse à vendre son honneur pour un morceau de pain. Il y a la jeune mère qui presse son enfant contre son sein tari sans pouvoir apaiser ses cris, parce qu'il meurt de faim. Il y a l'être difforme, contrefait, qui se traîne sur le seuil des églises et sur les dalles des rues. Il y a l'ouvrier malade, perclus, que l'usine a renvoyé et que la rue seule a reçu. Il y a le vieillard infirme, qui, ayant échappé toute sa vie à la faim par le travail, est maintenant réduit à tendre la main. Et ce n'est là qu'un tableau abrégé, un résumé très raccourci des formes innombrables de la misère.

L'OEuvre des étudiants aurait pu choisir parmi ces calamités. Dans son zèle, elle a préféré les embrasser toutes et elle a résolu avec une sainte témérité d'apporter à la pauvreté sous toutes ses formes les deux choses dont elle a besoin : pour les corps du pain, et pour les âmes la vérité !

Le pauvre souffre dans son âme autant que dans son corps les affres de la faim. Mais les lettrés et les sages, les habiles, les politiques, les puissants, ceux qui sont assis sur les hauts sommets de ce monde, de tout temps, n'ont point voulu prendre garde à ce supplice.

Aux origines du christianisme, leur surprise fut si grande qu'ils n'en revenaient pas quand cette nouvelle se répandit en Judée et dans tout l'empire : « *Pauperes evangelizantur. Les pauvres sont évangélisés* ». Les siècles n'ont pas corrigé leur égoïsme et ne les ont pas décidés à admettre le pauvre au somptueux banquet où ils convient les intelligences. Le peuple n'a point de place dans leurs assemblées savantes et leurs académies ; on le chasse, lui, l'abject, l'ignorant, du seuil de marbre des fastueux opéras, parce qu'il manque d'un peu d'or pour payer les jouissances intellectuelles qu'on y vend. Sauf la veille des élections, où on le caresse, où on l'encense, afin qu'il ne refuse pas ses épaules comme un piédestal facile à l'ambition, tout le monde le repousse, tout le monde le dédaigne, tout le monde a assez de lui.

Dans ce temps même, où tant de bouches font d'une voix enflée l'éloge de la fraternité, seule l'Église garde le privilège d'instruire et de moraliser le pauvre. C'est par son inspiration que nos étudiants le poursuivent jusque dans la mansarde où il souffre, dans l'atelier où il peine et gémit, afin de lui parler de Dieu, de son âme, des grandes vérités qui doivent gouverner sa vie dans la justice et l'honnêteté, de le consoler dans ses angoisses, de le réjouir par l'espérance de l'immortalité. De même que Jésus, ce grand agriculteur des âmes, prit la forme d'un esclave pour les ensemencer de sa parole, pour les arroser de son sang, ces humbles disciples, libres et généreux auxiliaires de l'apostolat, s'abaissent et se font petits pour atteindre le pauvre, pour obtenir le droit de l'instruire et en être écoutés. Encore qu'ils n'aient pas le caractère du sacerdoce, ils en déploient tout le zèle, ils en montrent le dévouement, ils en partagent les sollicitudes, ils en remplissent les sublimes fonctions (1).

En cinq patronages différents, ils consacrent chaque semaine de longues heures à catéchiser des enfants pauvres, à les préparer à la première communion, à instruire des indigents. Un de ces patronages associe les

______

(1) Characterem sacerdotalem habent, non formaliter, sed virtualiter, eminenter. (Gers., tract. III, in magn.)

étudiants catholiques à une OEuvre particuliè-
rement audacieuse et touchante, à une de ces
OEuvres que la foi seule peut inspirer, et dont
jamais la philanthropie ne donna d'exemple ni
même de contrefaçon : elle cherche et réunit
les vagabonds de 18 à 20 ans. Chaque semaine,
des étudiants leur font trois conférences religieuses ; chaque dimanche, ils prennent part
à leurs jeux et à leurs promenades et leur consacrent leurs meilleurs loisirs, cherchant par
toutes les industries du zèle à les régénérer,
entreprise éminemment sociale, éminemment
chrétienne aussi, puisqu'elle s'applique à
relever ce qu'il y a de plus déchu et qu'elle
déborde d'évangélisme et de charité.

Ce n'est pas assez d'évangéliser le pauvre,
il faut le secourir. L'OEuvre des étudiants ne
méconnaît pas cette seconde moitié du pré-
cepte et elle pratique la charité matérielle par
le concours assidu qu'elle apporte aux conférences de S. Vincent de Paul et à l'œuvre si
populaire de la Mie de pain (1). Les jeunes
gens qu'elle inspire sont de ceux qui savent,

(1) V. l'appendice, p. 50.

dans leurs heures de liberté, monter les esca-
liers de la misère, aborder les malheureux
dans leur triste demeure, s'asseoir sur la
grosse chaise de bois, devant la table nue,
écouter leurs tristes confidences. Ils font
mieux encore : pendant la saison rigoureuse,
au patronage de S. Joseph de la Maison Blanche, chaque mardi, de 9 à 11 h. du soir, ceints
du tablier blanc, ils préparent eux-mêmes et
distribuent à 7 ou 800 pauvres la nourriture
destinée à apaiser leur faim. Ni le froid in-
tense, ni la durée de la veillée, ni la longueur
de la course, rien n'arrête leur charité.

Et cela n'est pas accompli, mes frères,
remarquez-le, par des prêtres, dont la voca-
tion est de se montrer bienfaisants pour toute
indigence ; par des sœurs de charité, vouées
par profession au service des misères humai-
nes ; par des femmes chrétiennes, dont
le propre est de compatir à toute souffrance,
depuis que le Christ a versé dans leur cœur
une pitié sans mesure pour tout ce qui gémit
ici-bas. Ce spectacle serait beau déjà, mais il
est de tous les temps. Dans tous les temps,
on a vu des ministres de Dieu visiter les pau-

vres et les consoler ; des chrétiennes dévouées leur donner leur or, panser leurs plaies, essuyer leurs larmes ; mais ce qui est plus rare, ce qui est une nouveauté divine et un incomparable panégyrique de notre foi, c'est que des jeunes hommes de 20 ans se concertent, qu'ils organisent et trament le complot d'aller... où donc ? Dans les réunions de plaisir ? Point du tout ? Dans les antichambres où l'on distribue les honneurs, les places, les décorations ? Pas davantage. Ils se concertent pour aller dans l'échoppe de l'ouvrier, dans la mansarde du pauvre, le visiter sur son grabat, lui porter de l'argent, des vêtements, du pain, des remèdes, et, ce qui vaut mieux encore, une âme qui l'aime sincèrement et qui sait le lui dire.

O Dieu, auteur de ces bienfaits, ô Jésus, soyez béni d'avoir mis dans l'âme de ces jeunes gens, à l'heure même où l'égoïsme naturel à l'homme semble s'accroître encore et se dilater, ces généreux sentiments ! Soyez béni de vous être fait aimer d'eux au point que cet amour les emporte à un dévouement qui dépasse les forces de la nature ! Soyez béni de les avoir rendus bienfaisants pour la pauvreté, compatissants et tendres pour la souffrance, de leur avoir inspiré la volonté d'aimer le peuple à plein cœur en ces temps mêmes où tant d'autres ne savent l'aimer qu'à pleine bouche ! Soyez béni de les avoir décidés à contraindre en quelque sorte les incroyants à admettre notre foi ou du moins à la respecter (1), de leur avoir inspiré la volonté de faire de leurs actes mêmes comme une épopée en l'honneur de leur religion, et d'unir leur voix à toutes les grandes voix qui depuis 20 siècles chantent la divinité de l'Église. Il y a une voix dans les écrits des docteurs, une voix dans les larmes des anachorètes, une voix dans les gémissements des vierges, une voix dans le sang des martyrs ; mais de toutes ces voix éloquentes, la plus douce peut-être, la plus persuasive, la plus accommodée aux besoins des temps présents, la plus capable de troubler la libre-pensée, n'est-ce pas la voix qui s'élève du

(1) Gentiles coguntur. ut credant (S. Cyprien, *de mortalitate*, 15).

cœur, des actes, de la vie de ces adolescents, la voix sonore et pure de la jeunesse catholique ?

Il vous appartient, chrétiens, de donner à ce cantique plus de puissance encore et plus de sonorité. Dieu et nos jeunes gens comptent sur vous pour que l'œuvre commencée s'affermisse, qu'elle se dilate, et ils espèrent que votre concours va apporter des proportions élargies et un développement décisif aux entreprises du bien.

Leur ambition est grande. Ce qu'ils voudraient, c'est qu'aucun de vous ne quittât ce temple sans avoir dit en lui-même : «Voici une œuvre sainte, féconde, nécessaire, merveilleusement en rapport avec les besoins de l'heure présente ; je lui donnerai mon affection, mes prières, mon or ». Telle est leur ambition, et pour qu'elle se réalise, pour que vous donniez ces trois choses qui sont tout ce que vous avez de meilleur sur la terre, ils comptent uniquement, après la grâce d'en haut, sur votre cœur et sur votre foi.

Ce qu'ils vous demandent d'abord, mes frères, ce qu'ils attendent de vous, ce n'est donc pas seulement votre estime, ce don leur est acquis, et des catholiques aussi éclairés que vous ne sauraient le leur refuser ; ce n'est pas seulement votre or, des catholiques aussi généreux ne sauraient le leur marchander ; c'est quelque chose de plus rare que l'estime, de plus précieux que l'or, c'est votre dévouement, votre affection.

Les ouvriers du bien s'attendent à ne trouver dans les adversaires de l'Église ni beaucoup de bienveillance, ni même beaucoup de justice. Il leur a été prédit qu'ils auraient à souffrir persécution, qu'ils seraient méconnus, que leurs intentions seraient travesties, et le mal ne se lasse pas un seul jour de réaliser ces prédictions ; mais ce qui les afflige, ce qui abattrait le courage des plus forts, s'il n'était soutenu par Dieu, c'est d'être quelquefois regardés par leurs frères eux-mêmes avec des yeux obliques, ou du moins traités avec indifférence et délaissés.

Vous protestez, j'en suis sûr, contre ces sentiments, parce qu'il sont étroits, égoïstes, anti-chrétiens. Toutes les œuvres que l'Église consacre par son approbation ont un droit sacré à nos sympathies ; mais je ne crains de personne un démenti en disant qu'il n'y en a pas de plus noble, de plus touchante que celle qui invoque ce soir votre charité ; il n'y en a pas que Dieu couronne d'une meilleure bénédiction. Vous devez l'aimer, parce qu'elle est faite de tout ce qui est capable de séduire, même dans l'ordre humain, une âme élevée, et de forcer ses sympathies : de dévouement et de générosité, d'abnégation et de sacrifice, de jeunesse et de vertu. Vous devez l'aimer, parce que vous devez aimer Dieu, qui l'approuve et qui la soutient, l'Église dont elle défend les intérêts, les âmes dont elle est l'apôtre ardente, les pauvres dont elle est la servante fidèle et dévouée.

Si vous aimez notre œuvre, vous n'hésiterez pas à lui donner le plus solide des appuis et la plus précieuse des richesses. Or, quand il s'agit des œuvres de Dieu, le plus solide appui, la richesse la plus précieuse, c'est la prière. Lorsque l'Église voulut bâtir ses cathédrales, elle demanda à vos pères leurs sueurs : ils les donnèrent. Lorsqu'elle voulut entreprendre les croisades, elle demanda leur sang ; ils donnèrent à flots leur sang. Aujourd'hui, elle ne demande que vos prières. C'est un don que tous peuvent lui faire : la prière est le bien même des plus humbles et le pauvre comme le riche en porte dans son cœur un trésor inépuisable. Qu'importe que vous soyez pauvre et condamné à manger dans les larmes un pain obscur ? Qu'importe qu'inconnu, peut-être dédaigné, vous alliez par des chemins sans gloire, où l'oubli couvre promptement tous vos pas ? Du moins vous avez un cœur : qu'il en jaillisse un cri vers Dieu en faveur du bien. Vous avez des mains : qu'elles se lèvent suppliantes pour implorer les grâces célestes. Vous avez des lèvres : qu'une ardente prière les anime. Dans les choses de Dieu, toute entreprise féconde et sainte doit ainsi commencer à genoux... Quand le sang des martyrs se mit à couler, que fit l'Église ? Elle pria, et la prière triompha du paganisme. Quand les barbares menacèrent d'ensevelir la religion sous des ruines sanglantes, les catholiques prièrent, et cette prière fut plus puissante pour contenir la barbarie et sauver la civilisation que Rome et ses légions. Quand l'hérésie entreprit de supplanter la vérité ou tout au moins de l'amoindrir, la prière autant que les écrits des docteurs conjura ce nouveau péril. Aujourd'hui le paganisme, l'erreur sous d'innombrables formes, la barbarie même, car si l'impiété n'est pas la barbarie, elle la prépare, ces ennemis séculaires de l'Église recommencent sans lassitude contre elle des combats où ils ont été tant de fois vaincus. Catholiques, voulez-vous défendre votre foi ? Et j'adresse cette question même aux plus humbles, même aux petits enfants. Chers enfants, voulez-vous rendre à l'Église des services mémorables ? Tombez à genoux et priez. Le monde tournera peut-être vos espérances en dérision. Il se dira que pour combattre tant de forces conjurées contre vous, c'est bien peu de vos *Pater* et de vos *Ave*, et de quelques jeunes gens associés dans une œuvre modeste à quelques prêtres. Le monde ne sait pas que Dieu, quand il veut faire de grandes choses, prend des moyens modestes. Il choisit un adolescent, lui met à la main une fronde, et il l'envoie avec cette faiblesse et cette audace à Goliath pour le terrasser. De même, quand nous avons un puissant ennemi à vaincre, une grande Œuvre à entreprendre, des jeunes filles, des femmes se mettent à genoux dans nos temples, et des grâces inattendues sont bientôt la réponse de Dieu au cri des petits et des faibles. Nous avons cette bienheureuse certitude, et nous savons que, la pauvre servante qui dira ce soir son chapelet dans un coin de cette église pour l'Œuvre des étudiants aura plus d'action sur le cœur du Christ et se rendra plus utile aux intérêts supérieurs de l'humanité que les savants les plus illustres et les orateurs les plus applaudis.

Mais si, au point de vue chrétien, toute œuvre doit commencer à genoux devant Dieu, elle doit ensuite se poursuivre dans le travail et dans le sacrifice. Et c'est pourquoi je ne demande pas seulement en faveur de l'OEuvre des étudiants vos prières, mais encore ce qui doit les rendre fécondes, je demande vos fils.

C'est une erreur de penser que le jeune homme, une fois ses vingt ans atteints, n'a plus rien à voir dans le travail, dans l'oubli de soi, dans l'amour de Dieu. A tout âge, mais dans l'adolescence surtout, l'action est la glorieuse parure de l'homme. Seul un front qui s'est creusé dans des méditations laborieuses, seules des mains qui se sont souvent ouvertes pour le bien, qui se sont fatiguées sur une plume ou durcies sur un outil, peuvent se lever avec confiance vers le ciel et se montrer au Créateur.

Jeunes gens, vous êtes nombreux ici ; mon cœur et ma pensée vont facilement à vous ; vous avez de l'intelligence, un nom peut-être, de la générosité, de l'ardeur ; quel emploi faites-vous de ces dons ? Plusieurs, après une enfance studieuse, des examens laborieux, passent le plus clair de leur temps dans un repos sans gloire, dans l'oisiveté, dans des amusements frivoles, quelquefois dans des amusements coupables, et se montrent tristement impuissants à se soulever au-dessus de ce matelas des sens, sur lequel leur adolescence s'écoule dans un sommeil languissant et déshonoré. Que le vieillard, dont les facultés s'affaissent et dont tout l'être fléchit sous le fardeau des années, se résigne au repos, soit ; mais dans la jeunesse, à l'âge où l'esprit s'ouvre à toutes les nobles pensées, où l'on ne peut voir sans émotion la tunique du soldat et la robe du prêtre, où l'on se passionne jusqu'au sacrifice pour toutes les grandes causes, renoncer à ces enthousiasmes généreux, à tout dévouement, à tout don de soi pour vouloir ne rien faire et n'être que rentier, franchement, c'est être trop inconscient.

C'est par trop méconnaître aussi le devoir des chrétiens. Leur devoir, en effet, est de défendre leur foi, de mettre à son service leur temps, leur courage, leur fortune, de se faire apôtres et conquérants pour sa gloire. Ce n'est pas seulement aux disciples, c'est à vous tous, que ces paroles ont été dites au commencement : « Allez et enseignez les nations », et les malheurs de l'heure présente ne font que donner à ce devoir, qui d'ailleurs est de tous les temps, quelque chose de plus obligatoire encore et de plus sacré !

Ce ne serait donc pas assez, messieurs, pour le remplir, souffrez que je vous le dise, non, ce ne serait pas assez, quand votre foi est menacée, vilipendée, traînée dans la boue, ce ne serait pas assez de faire du sport avec une grâce suprême, de monter vos chevaux et de promener vos voitures, de cultiver le club, le théâtre et le cirque, de tenir ouverts vos châteaux en été et vos hôtels en hiver, de passer le temps voulu à la mer et sur les plages, de chasser, de manger, de boire, de sourire ; ce ne serait pas assez, et les jeunes gens qui ne feraient que cela ne seraient quittes ni envers leur conscience, ni envers l'Église, ni envers Dieu. Quand l'islamisme lança sur l'Europe ses hordes envahissantes, vos ancêtres ne se contentèrent pas de joindre les mains et de gémir sous le manteau de leurs cheminées. Ils prirent leur grande épée, et ils frappèrent d'estoc et de taille, à coups redoublés, sur la tête du barbare. Aujourd'hui, la barbarie, c'est l'impiété, l'irréligion, la haine sectaire ; l'épée des luttes modernes, c'est l'apostolat, la propagande active et éclairée, l'association aux Œuvres. Prenez donc cette épée et descendez dans l'arène ; instruisez les ignorants ; soyez secourables à ceux qui souffrent ; allez au pauvre, visitez-le dans sa mansarde, dans ces quartiers, et ces rues délaissés qui sont comme des musées de misère. Faites-le, parce que c'est un devoir et qu'on ne forfait pas à un devoir sans subir une déchéance, sans porter au front une honte. Faites-le, parce que cela est bon au cœur et que ni dans vos clubs, ni dans vos salons, vous ne vous procurerez une joie aussi douce.

L'Église attend de vous, mères, que vous inspiriez à vos fils ces nobles dévouements, que vous leur fassiez aimer l'ouvrier et le pauvre, que vous leur fassiez aimer les âmes, et que vous dressiez leurs mains à les servir. Rendez-les hommes de travail, hommes d'action, et ne permettez pas qu'ils traînent dans le monde la frivolité d'un vie inutile à Dieu et aux hommes.

Rappelez-vous ces femmes antiques, qui,

voyant leurs fils, leurs frères, leurs époux lents à courir au secours de la patrie, vaillantes et indignées, elles-mêmes saisirent leurs boucliers, et les leur poussant dans les mains : « Allez, leur crièrent-elles, allez donc, revenez vainqueurs avec eux ou qu'on vous rapporte morts dessus ».

Eh bien, vous aussi, envoyez les chevaliers modernes aux Œuvres, champ de bataille des luttes actuelles ; chassez-les aux pauvres et aux ouvriers, chassez tous ces Hercules désœuvrés filant aux pieds d'Omphale, dites-leur que leur place n'est pas entre les fuseaux et les quenouilles, qu'ils soient hommes enfin, des chrétiens dignes de leur Dieu et de leur foi.

Il y a enfin un dernier moyen de soutenir et d'étendre l'Œuvre des étudiants, c'est l'aumône. Aujourd'hui le prêtre fait bien souvent à votre bourse de ces appels audacieux. Ah ! il n'en était pas de même autrefois. Le sacerdoce nourrissait de son abondance des multitudes de pauvres. Les grandes œuvres que vous soutenez par des largesses qui vous honorent devant toute la terre, vivaient sous d'autres noms de la charité sacerdotale, et quand, le soir venu, le prêtre de ce temps-là, au pied de son crucifix et la tête dans ses mains, faisait la supputation de sa journée, il n'avait pas la douleur de constater que, par impuissance, il avait laissé quelque souffrance sans soulagement. Les temps sont changés ! C'est nous qui sommes pauvres aujourd'hui et qui sollicitons votre charité. Bélisaire, le premier serviteur de la nation, célèbre dans le monde entier par sa grandeur d'âme et sa générosité, Bélisaire est maintenant appauvri et il parcourt la terre en tendant la main. Cependant la Providence nous a fait jusqu'à ce jour la grâce de n'avoir rien à demander pour nous. Mais les âmes que nous avons la mission de sauver sont exposées chaque jour aux pires embûches et se perdent sous nos yeux. C'est pour les arracher aux périls qui les menacent que des religieux dévoués ont établi l'Œuvre des étudiants; ils lui donnent tout ce qu'ils ont: leur temps, leurs forces, leur intelligence, leur vie ; pour qu'elle se maintienne, qu'elle s'étende et soit féconde, il faut encore que vous lui donniez votre argent.

Je ne l'ignore pas, d'autres Œuvres, et Dieu sait si elles sont nombreuses ! viennent vous tendre la main, et, au bout de l'année, quand vous arrivez à faire le budget de vos charités, vous êtes effrayés. Cet effroi est naturel ; mais ce qui doit vous rassurer, mes frères, ce qui doit, mesdames, vous rendre du courage, c'est qu'à côté de ces chiffres saisissants, sur quelque page voisine, il y a les chiffres d'un autre budget bien autrement compliqué : du budget du plaisir, du luxe, de la toilette. Oh ! je ne vous le reproche pas ; je ne veux dire qu'une chose, c'est que si jamais les affaires allaient trop mal, il serait toujours temps d'opérer un virement et de rétablir ainsi l'équilibre. Non, ne vous mettez pas en garde contre les conseils de votre cœur et ne laissez point voir à Dieu et au monde ce spectacle d'un cœur de chrétien, de chrétienne hésitant devant un louis à donner au bien, alors qu'on jette l'or à poignées à la vanité !

Agir ainsi n'est pas seulement une chose

bonne, mais facultative ; c'est un devoir qui intéresse votre salut.

Dans un âge où l'on parlait peut-être un peu moins qu'aujourd'hui de bienfaisance, et où on la pratiquait tout autant, les théologiens et les prédicateurs avaient coutume de rappeler aux riches qu'ils devaient user sagement de leur fortune, éviter les dépenses inutiles et donner ensuite le superflu aux pauvres, aux œuvres de bienfaisance ou d'apostolat.

Doctrine étrangement oubliée ! Où va aujourd'hui le superflu ?

Il va au luxe, et telle fervente catholique, qui consacre des milliers de francs à sa toilette, se croira quitte avec sa conscience et capable de communier tous les matins, si elle donne chaque année quelques louis à la charité.

Le superflu va au plaisir. On s'élève contre les sollicitations de l'Église, qui, dans ces temps difficiles, fait souvent appel à la générosité de ses fidèles. Ses exigences semblent toujours indiscrètes, celles du monde, toujours convenables, et vous verrez telle pieuse chrétienne ne jeter qu'avec humeur cinquante centimes dans la bourse de la charité, alors que, dans un jour de réception, elle aura dépensé sans regrets plusieurs milliers de francs pour orner ses salons et faire venir de Nice des plantes rares et des fleurs embaumées.

Où va encore le superflu ? Quand il n'est pas dévoré par le plaisir ou par la vanité, il s'entasse dans les coffres-forts. Autrefois, beaucoup de fiers chevaliers avaient une noble devise : « La mort plutôt que la honte », « Toujours plus haut ! », « Le Christ est mon espérance ». Le mot d'ordre de beaucoup de familles contemporaines semble être : « Enrichissons-nous » ! Au lieu de donner à la charité la part que la loi de Dieu lui attribue, on la confie à la Banque pour qu'elle fructifie, et la doctrine qui exige en faveur du pauvre une part du superflu est à ce point oubliée qu'elle paraît à plusieurs une doctrine étrange. Oui, depuis que beaucoup ne cherchent plus la vérité dans l'Écriture, mais dans les journaux du boulevard, cette doctrine est voilée au point qu'elle leur semble inouïe, presque révolutionnaire, et que je leur parais

un insupportable novateur. Et cependant je
ne demande pas des choses extraordinaires,
mais des choses équitables. Je ne demande
pas ce que demandaient les apôtres à leurs
premiers disciples, la communauté des biens.
Je ne demande pas même ce que Dieu demandait aux Hébreux: la dîme. Nous en sommes
loin ! Mais la doctrine constante de l'Église
est que le riche doit à la charité une part considérable de son superflu. Elle est enseignée
d'une manière unanime par ses pontifes, ses
docteurs, ses saints, et ils en ont été à travers
les siècles les indéfectibles gardiens.

La vraie charité ne se contente pas de
donner le superflu. Elle est assez courageuse
pour s'imposer des privations, des sacrifices
même pénibles. Mes frères, je suis inhabile à
demander de l'argent. Que votre foi de catholiques, que vos cœurs généreux se chargent
de défendre les intérêts qui me sont confiés !
Si vous vouliez pratiquer la vraie charité,
celle qui est capable de s'imposer des sacrifices, si vous vouliez doubler vos aumônes,
ajouter une pièce à celle que vous aviez l'intention de donner, comme l'Église vous béni-

rait, comme J.-C. même vous serait reconnaissant !

Y a-t-il dans cette grande assemblée quelqu'un qui ne puisse se rendre utile à la cause du bien et faire quelque chose pour la soutenir? La jeune ouvrière aura un vêtement plus modeste, elle mettra un ruban de moins à son bonnet, une fleur de moins à son chapeau, et voilà des ressources pour aider à sauver les âmes. Vous, messieurs, vous prendrez dans la large bourse de vos amusements et de vos plaisirs l'impôt de la charité et du bien. Vous, mesdames, qui avez des toilettes brillantes, des tables somptueuses, des salons où le luxe ruisselle, vous qui êtes riches et qui êtes bonnes, vous ferez subir à ces jouissances quelques retranchements, afin de remplir généreusement les devoirs qu'imposent les difficultés et les périls de l'heure présente.

Votre honneur, catholiques, sera de remplir ces devoirs avec courage et fidélité, de purifier, de préserver et de sanctifier votre vie, d'assister et de consoler l'Église, de coopérer au salut de la société par l'appui que vous prêterez à cette OEuvre. Dieu vous a fait naître dans un temps de lutte, où il serait criminel de demeurer sous la tente, alors qu'au dehors se livre la bataille et que vos frères soutiennent le feu de l'ennemi. Arrière donc cette inaction, dans laquelle languissent un si grand nombre de catholiques ! Arrière cet égoïsme, qui les tient étrangers aux entreprises du zèle et de l'apostolat ! Arrière la doctrine trop longtemps souveraine de la tranquillité quand même, bien que l'Église soit combattue et la société menacée. Avec l'OEuvre qui sollicite en ce moment votre appui, ou par elle, allez à ceux qui souffrent, allez au peuple, abordez-le dans sa mansarde, visitez-le dans l'atelier où il peine et gémit, et lui tendant une main fraternelle, tout en soulageant ses maux, parlez-lui de son Dieu, de son âme, des grands devoirs qui doivent gouverner sa vie dans la justice et l'honnêteté.

Et si vous ne pouvez pas vous associer à

cette entreprise par une tâche personnelle, ouvrez au moins votre bourse et donnez votre or, qui, devenant apôtre, vous rendra participants du plus grand des biens et de la plus enviable des gloires : la conversion des âmes et l'extension du règne de Jésus-Christ. Peut-être trouvez-vous que les demandes de la charité se multiplient à l'excès et deviennent indiscrètes? Eh bien, repoussez les quêteurs d'un autre genre qui vous assaillent et qui mendient au nom de vos plaisirs, de vos cercles, du jeu, du sport. Repoussez, mesdames, ces quêteuses insatiables et charmantes qui la nuit et le jour murmurent à vos oreilles une séduisante prière en faveur de la mode, de la toilette et du luxe, mais non point celles qui vont vous demander vos aumônes au nom de l'Église, au nom des pauvres, au nom de J.-C.

Et vous, jeunes gens, soyez dignes des dévouements que vous inspirez et des largesses qu'on se prépare à vous faire. Vos destinées sont grandes. Quand l'œuvre de la destruction sera finie parmi nous, quand les hommes auront achevé de renverser ce que

Dieu veut laisser périr, ce sera l'heure des relèvements attendus et des restaurations nécessaires. C'est vous, jeunes hommes, qui êtes les ouvriers de cette tâche ; c'est sur vous que l'Église compte pour l'accomplir ; voilà pourquoi votre mission est grande. Aussi bien, si nous, qui avons désiré ces relèvements, et qui ne sommes pas destinés peut-être à les voir, nous formulons un vœu, si nous faisons une prière pour notre pays, c'est bien que Dieu lui donne de grands capitaines pour accroître son prestige parmi les peuples, de sages législateurs pour organiser sa vie dans la justice et dans la paix, des poètes inspirés pour célébrer ses gloires, mais c'est surtout qu'il lui donne une jeunesse intelligente de sa mission et fidèle au devoir, assez vertueuse pour ne pas se souiller au contact des jouissances vulgaires, assez croyante et assez dévouée pour ramener au Christ la patrie qu'il a faite si grande dans le passé.

Nous vous en supplions donc, ô Jésus, pour l'Église et pour notre pays, faites-vous aimer de ces jeunes gens. Séduisez-les de plus en plus par votre immatérielle beauté, élevez-les toujours plus haut dans la foi, dans la vertu, dans la lumière et le sacrifice, leur faisant comprendre qu'il n'y a pas de victoire sans combats, pas de semailles fécondes sans larmes ni de moissons sans sueurs répandues. C'est ainsi qu'ils deviendront les sauveurs d'Israël. Comme le prophète, ils souffleront sur les os arides et ils leur rendront la vie. C'est par eux que s'accomplira la réconciliation longtemps attendue de ceux qui souffrent avec ceux qui jouissent, par eux que le peuple sera ramené aux autels qu'il a abandonnés, par eux que la patrie sera rendue prospère, et l'Église triomphante.

APPENDICE

RÉUNION DES ÉTUDIANTS

Paris, 104, Rue de Vaugirard

La Réunion des Étudiants est ouverte à tout jeune homme chrétien désireux de mener une vie conforme aux principes de la religion et de la vertu.

Piété et formation religieuse

1º Tous les dimanches, il y a pour les Membres de la Réunion une messe, célébrée dans la crypte, à *neuf heures*.

La messe est suivie de la bénédiction du Très Saint Sacrement.

Après ce double exercice, il y a un Cours de Théologie, où l'on peut prendre des notes. Ce cours est distribué en quatre années.

La théologie présente, sous une forme scientifique, la plus haute synthèse des vérités révélées, telle qu'il la faut à des jeunes gens qui, par leurs études profanes, appartiennent à l'Enseignement supérieur, et ne peuvent, en ce qui concerne leur foi, se contenter d'un enseignement élémentaire. Leur piété ne pourra que s'éclairer et s'affermir par l'étude de la science sacrée.

2° La Réunion des Étudiants célèbre plus solennellement trois fêtes religieuses :

La Présentation de la Sainte Vierge, le 21 novembre ;

La Conversion de Saint Paul, le 25 janvier ;

La fête de Saint Thomas d'Aquin, le 7 mars.

Quand ces fêtes se trouvent un jour de semaine, elles sont renvoyées au dimanche suivant.

3° Les Membres de la Réunion sont invités chaque année, au commencement du 3ᵐᵉ trimestre, à profiter des exercices d'une retraite, donnée exclusivement pour eux.

Conférences d'Études

Après la Piété, la plus grande importance est donnée à la formation de l'esprit et à l'exercice de la parole publique. C'est le but de deux Conférences, qui portent les noms de Saint-Paul et Saint-Thomas.

1° Les séances de chaque Conférence commencent et finissent par l'exercice de la prière.

2° Le secrétaire donne lecture du compte-rendu de la séance précédente.

3° Le compte-rendu adopté, chacun est appelé à mettre en commun ses lectures. On se tient ainsi au courant du mouvement des idées, qui se produit dans les journaux, les revues et les livres.

4° Le Président annonce ensuite le sujet de la Conférence, et invite le conférencier à prendre la parole.

5° La Conférence terminée, la discussion est ouverte ; elle est libre, à la seule condition de ne parler qu'avec l'autorisation du Président.

6° Avant de lever la séance, le Président résume les débats et donne lecture du programme de la Conférence suivante, qui reste affiché toute la semaine dans la salle des réunions.

CONFÉRENCE SAINT-PAUL

La Conférence Saint-Paul tient ses séances le vendredi, de 8 h. 1/2 à 10 h. 1/2 du soir, sous la direction du R. P. Plazenet.

Présidence, rapport, discussion, tout est laissé à l'initiative des jeunes gens.

On y traite les *questions actuelles*, qui, à cause de leur généralité, ne rentrent pas dans les études spéciales où se renferme l'Étudiant ; questions cependant très importantes, sans la connaissance desquelles il est impossible de prendre contact avec le siècle.

CONFÉRENCE SAINT-THOMAS

La Conférence Saint-Thomas se réunit le jeudi, à 8 h. 1/2 du soir, sous la direction du R. P. Bulliot, professeur de philosophie à l'Institut catholique de Paris.

Cette Conférence présente un intérêt particulier. On y étudie les rapports de la philosophie avec chacune des spécialités de l'Étudiant, principalement avec la Médecine et avec le Droit. Cette étude a pour but de créer des habitudes d'esprit, de familiariser les jeunes gens avec les idées générales, et de faire en chaque chose la part de la foi, de la science et de la métaphysique.

M. Georges Goyau dirige lui-même dans l'Œuvre un groupe d'étudiants qui s'adonnent plus spécialement à l'étude des questions sociales.

Une salle de travail, une bibliothèque, des revues et des journaux sont mis à la disposition des Étudiants.

A côté de la Piété et de l'Étude, il faut mentionner les récréations, les délassements et les bonnes relations. Quelques salles sont mises, dans ce but, à la disposition des jeunes gens.

Œuvres de charité

Les Membres de la Réunion prennent part, suivant leurs goûts, aux différentes œuvres catholiques de Paris. La pratique de la charité les initie à la puissance de rénovation sociale que possède le catholicisme.

Une Conférence de Saint Vincent de Paul, sous le titre de *Conférence du Bienheureux Chanel de N.-D.-des-Champs*, composée des Membres de la Réunion, tient régulièrement ses séances chaque dimanche à 10 h. 1/4.

Les pauvres visités par la Conférence appartiennent au quartier de Plaisance.

Les Étudiants de la Réunion prêtent plus spécialement leur concours à l'œuvre de la Mie de Pain, et à divers patronages.

Cependant, tout en encourageant aux œuvres, on exhorte vivement les Étudiants à ne pas négliger le travail intellectuel ; car il est essentiel que les jeunes gens catholiques ne le cèdent à personne au point de vue de la formation intellectuelle.

Les Étudiants qui désirent faire partie de la Réunion sont priés de se présenter, *dès leur arrivée à Paris*, au R. P. Plazenet, directeur, rue de Vaugirard, 104. Il leur donnera tous les renseignements utiles concernant leur intallation et leurs inscriptions.

Imprimerie BELLIN à Montdidier.

www.ingramcontent.com/pod-product-compliance
Lightning Source LLC
LaVergne TN
LVHW020551060726
842525LV00004B/1387